Este libro
pertenece a:

....

....

Yo recuerdo

Textos: *Jennifer Moore-Mallinos*

Ilustraciones: *Marta Fàbrega*

BARRON'S

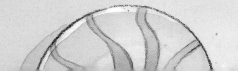

¿Sabías que todos nacemos, vivimos nuestras vidas y después morimos?

Tu mascota también nace, vive y muere.
La vida tiene un principio y un fin.

¿Alguna vez has tenido un animal
doméstico como mascota?
¿Cómo se llama, o cómo se llamaba?

El nombre de mi mascota era Pillo.
Pillo era el mejor perro del mundo,
y además era mi mejor amigo.

Recuerdo el día que lo conocí. Entró corriendo
por la puerta, con un enorme lazo rojo en el
cuello, y vino directamente hacia mí.
Recuerdo cuán contento estaba cuando
lo levanté del suelo para abrazarlo.
Se movía mucho y meneaba la cola sin parar.

8-9

¡Era el cachorro más suave que había visto nunca!
El ciclo de la vida de Pillo comenzó cuando nació,
y se fue completando mientras crecía e iba
haciéndose mayor.
Pillo y yo crecimos juntos.

Pillo creció y fue cambiando. Al hacerse adulto,
se volvió más obediente y menos juguetón. Y poco
a poco fue envejeciendo.

Con el paso del tiempo, Pillo se convirtió en un perro
viejo y cansado. Ya no podía hacer las cosas que tanto
le gustaban, como perseguir a las gallinas en el granero
o correr entre la hierba alta que crecía detrás de
nuestra casa.

Su cuerpo ya no era ágil; y su vida se iba completando. Ya no parecía feliz y tenía una mirada triste. Cuando lo llevamos al veterinario, el médico que cuida a los animales, nos dijo que Pillo estaba muy enfermo, que era ya muy viejo y no iba a mejorar.

El veterinario tenía razón. Pillo no
mejoró, su cuerpo dejó de trabajar
y su corazón cesó de latir. Cerró
los ojos y se durmió, pero ya no se
despertaría. Pillo había muerto.
Su ciclo de vida se había cerrado.

Recuerdo cuán triste y solo me sentí el día que Pillo murió. No podía dejar de llorar, no tenía ganas de hacer nada. ¿Qué haría sin él? Una parte de mí estaba un poco enfadada con Pillo por haberme dejado solo, porque yo pensaba que los amigos deben estar siempre juntos. Me sentí mejor cuando mis padres me dijeron que Pillo no pudo haer nada en este caso.

Enterramos a Pillo debajo del roble que crece en una colina de nuestra granja. Toda la familia se reunió alrededor del roble para despedirse de Pillo.
Decirle adiós a mi mejor amigo fue algo muy, muy difícil para mí.
¡Lo echaba tanto de menos!
Siempre me estaba esperando...

A medida que pasó el tiempo, pude recordar todas
las cosas que hacíamos juntos sin ponerme triste.
Me acuerdo de lo mucho que nos divertíamos
jugando al escondite, o lo contento que
se ponía cuando íbamos a nadar en el lago.
A Pillo le encantaba nadar, y a mí también.

Recordarlo me hacía sonreír y, aunque no podía verlo ni tocarlo, Pillo siempre estaba conmigo. Nunca olvidaré los buenos momentos que pasamos juntos. Pillo me enseñó lo que es ser un amigo. Todavía me gusta ir a sentarme a la sombra del roble, sobre todo cuando hace calor.

Hoy conocí a un nuevo amigo: se llama Lucas.
El perrito entró a todo correr por la puerta, con
un enorme lazo rojo alrededor del cuello, y vino
directamente hacia mí.
Cuando lo levanté del suelo para abrazarlo,
empezó a darme lametones encantado.

Cuando saco la foto de Pillo del bolsillo,
sé que él y Lucas habrían sido buenos
amigos. Aunque ahora tengo un amigo
nuevo, nunca olvidaré a Pillo.
Siempre será muy especial para mí,
pase lo que pase.

guía
para los padres

Hay animales domésticos de todas formas y tamaños, texturas y colores. Todo animal doméstico que tengamos como mascota se convertirá en parte importante de la familia, con sus propias características y formas de ser.

Yo me acuerdo de cada una de mis mascotas. Su lealtad, su entusiasmo de vivir y su amistad incondicional son aspectos que valoraré como un tesoro el resto de mi vida. La unión que tuve con cada uno de mis animales fue única y especial, y los recuerdos que tengo de ellos siempre me acompañarán.

Todos nacemos, vivimos, y después de un tiempo morimos. Lo mismo pasa con nuestros animalitos. La vida tiene un comienzo y un fin.

El propósito de este libro es recordar la amistad y el cariño que nuestros hijos sienten hacia sus mascotas y la abrumadora sensación de pena que pueden experimentar cuando sus animalitos mueren.

La muerte de un animal doméstico es a menudo la primera experiencia del niño con la mortalidad. Un hecho tan traumático puede crear en su hijo o hija muchas sensaciones difíciles de comprender. Dar valor a los sentimientos de los niños ofreciéndoles la oportunidad de explorar y expresar sus penas supone el primer paso en el proceso para superarlas.

El libro se puede usar como herramienta para iniciar el diálogo y estimular la comunicación entre ustedes y el niño. Háganle saber que está bien sentirse triste o incluso enfadado cuando su mejor amigo, la mascota, se muere.

En las páginas de *Yo recuerdo* también se refleja que está bien querer a una nueva mascota. La amistad y el cariño compartido con cada mascota siempre serán apreciados y recordados, suceda lo que suceda. Dedicar el tiempo a leer esta historia al niño es una hermosa manera de compartir un momento juntos. ¡Demostremos a nuestros hijos cuánto nos importan!

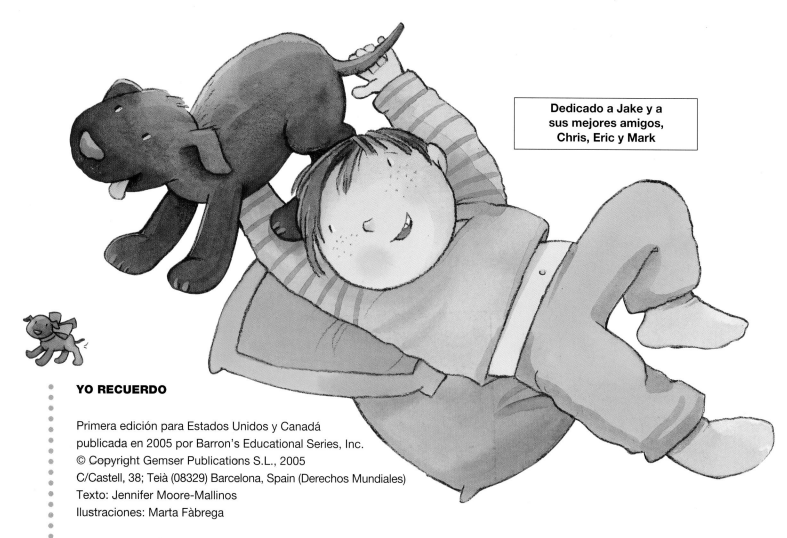

YO RECUERDO

Primera edición para Estados Unidos y Canadá
publicada en 2005 por Barron's Educational Series, Inc.
© Copyright Gemser Publications S.L., 2005
C/Castell, 38; Teià (08329) Barcelona, Spain (Derechos Mundiales)
Texto: Jennifer Moore-Mallinos
Ilustraciones: Marta Fàbrega

Dirigir toda correspondencia a:
Barron's Educational Series, Inc.
250 Wireless Boulevard
Hauppauge, New York 11788 USA
http://www.barronseduc.com

ISBN-13: 978-0-7641-3276-6
ISBN-10: 0-7641-3276-8
Library of Congress Control Card Number 2005926578

Impreso en China
9 8 7 6 5 4 3 2 1